순 천

2021

순천

– 순천만

김재석 시집

사이재

시인의 말

이 시집에 앞서
순천 관련 시집인
『송광사는 내 마음의 주장자다』,
『선암사 가는 길』,
『여순』 세 권의 시집을 세상에 내던졌다

순천에 대한 글쓰기를
세 권으로 끝마칠 생각이었으나
나의 결벽증이
나의 잔머리를 허용하지 않았다

강진만에 대한 시집인
『갈대는 제 몸뚱일 흔들어』,
『그리운 강진만』,
『백조의 호수 강진만에서』
세 권의 시집을 이미 냈기에
상상력이 고갈되어
순천만에 대한 시를
더 이상 쓸 수 없을 것 같았는데
그걸 가까스로 극복했다

다소 억지를 부린 감이 있으나
한 편 한 편
다들 나름대로 제 역할을 하고 있다

    2021년 봄
    일속산방一粟山房에서
    작시치作詩痴 김 재 석

차례

순천

시인의 말

1부

순천 13
순천 1 14
순천 2 15
화포해변에서 16
선암사 가는 길 18
송광사 가는 길 20
조계산이 송광사와 선암사를 낳다 22
금둔사 24
낙안읍성 26
김빈길 장군을 순천이 뒤늦게 챙기다 28
느티나무 두 그루와 은행나무 한 그루가 부동이화 중이다 30
일몰 32
와온에서 34

2부

스카이 큐브 39
그림책도서관은 무지개다 40
순천문학관 41
순천문학관이 눈치가 빠르다 42
시립뿌리깊은나무박물관에게 배운 게 많다 44
순천드라마촬영장에서 46
순천향교가 이 시대에 처신하기가 쉽지 않다 48
낙안향교는 순천향교와 동병상련이다 50
죽도봉공원이 순천을 한눈에 담게 해 주다 52
순천왜성 54
옥천서원 56
고인돌공원에서 58
정유재란의 주역인 검단산성이 왜성을 감시하고 있다 60
조례호수공원의 음악분수는 밤에 피는 꽃이다 62
조곡동 철도관사마을이 철도문화마을로 다시 태어나다 63
늦둥이 여순항쟁 역사관은 수고하고 무거운 짐 진 자이다 64

3부

순천만 69
순천만을 클릭하다 70
순천만의 저명인사 중의 저명인사는 흑두루미다 72
순천만 습지는 신기한 계간지다 74
갯벌 76
무진교와 대대포구가 동고동락하고 있다 77
무진교에 기대어 78
갈대에 관한 몽상 1 80
갈대에 관한 몽상 2 82
갈대에 관한 몽상 3 84
갈대가 이발사들 앞에서 쩔쩔매는 까닭을 86
묵은 갈대 88

4부

가창오리의 군무에 관한 몽상 91
민물도요새의 군무에 관한 몽상 94
흑두루미 떼에 관한 몽상 96
빈 배와 왜가리 한 마리 98
갈목비 99
칠면초 사잇길을 누가 낳았나 100
순천만이라는 컴퍼스의 안다리는 누구인가 101
순천만은 예술의 전당 이상이다 102

용산전망대는 관제탑이다 104

물비늘이 바다가 한 마리의 물고기라는 걸 알려준다 105

칠면초 106

뻘배 107

마도요 108

홀애비 청딱따구리가 정신이 없다 109

쇠물닭 암컷이 토라졌다 110

억새는 갈대의 이종사촌 아니면 고종사촌이다 111

검은머리물떼새가 안절부절못한다 112

수리부엉이의 세레나데가 고요를 깨다 113

두토막눈썹참갯지렁이는 노랑부리백로의 밥이다 114

붉은발말똥게가 갈대잎을 찢어 먹고 있다 116

도대체 저게 뭔 짓인가 117

길을 가다가 유혈목이와 마주치다 118

순천만국가정원의 랜드 마크는 순천호수정원이다 120

네델란드 정원은 그냥 알겠다 121

꿈의 다리는 세계 어린이들의 그림으로 도배하였다 122

순천만국가정원의 순천만습지는 진짜 순천만습지의 다이제스트 판이다 124

비단잉어 126

1부

순천
- 서시

이웃들의 부러움을 산다는 말로는
부족하다

전라도의 부러움을 산다는 말로도
부족하다

대한민국의 부러움을 산다는 말로도
부족하다

그렇다
그렇다

지구촌의 부러움을 사고 있다

순천만습지는
지구촌의 저명인사다

순천 1

잘나간다

순천만습지로
순천만국가정원으로

잘나간다

송광사로
선암사로

잘나간다

낙안읍성으로
순천드라마촬영장으로

순천 2

잘나가기에
남들의 부러움을 사는데
그 비결은 뭘까

무슨 일이든
순리를 따르기 때문인가

항상
순리를 따르기에 순천인지
순리를 따르라고
순천이라 이름 지었는지
그건 모른다

예나 지금이나
순리를 거스른 적이 없다

잘나가기에
남들의 부러움을 사는데
그 비결이
내가 생각한 대로 일까

화포해변에서
-일출

지금 내 앞에서
누군가가 던져 올린
저 해를
오늘은 누가 받아낼까

저 뜨거운 해를
허공에 던져 올린 이는
손에 장갑이라도 끼었나

쳐다보고 있으면
느려빠진 것 같아도
금세 허공에 떠 있는
저 뜨거운 해를
아무 때나 바라볼 수 있는 게 아니지

지금은
해가 거만하게 굴지 않으니
마음껏 눈에 담아야지

지금 내 앞에서
누군가가 던져 올린

저 해를
오늘은 누가 받아낼까

선암사 가는 길

봄날, 나는 지금 무슨 일로
선암사까지
먼 걸음을 하고 있는가

꽃구경을 위해서나
깨달음을 얻기 위해서나

먼 걸음을 한 길들 중의 하나인 내가
승선교 아래 계곡에서
저 멀리 얼굴 내민 강선루와
눈도장을 몇 번이고 찍는 까닭은

마지못해가 아니라
기꺼이
강선루가 나에게 눈빛을 준다

忘牛存人을
몸으로 보여주는 승선교가
강선루로 향하는
나의 뒷모습을 지켜볼 것이다,
지금

봄날, 나는 지금 무슨 일로
선암사까지
먼 걸음을 하고 있는가

* 망우존인忘牛存人: '소를 잊고 사람만 있다'는 뜻으로 십우도十牛
圖 중 일곱 번째이다.

송광사 가는 길
  - 낙엽

해와 달, 별빛을 챙긴
나뭇잎들을
나무들이 내 앞에 내려놓았다

나무들이 내려놓은
나뭇잎들을 짓밟지 않고 갈 수 있는
길이 없다

나의 발길에 짓밟힌 나뭇잎들이
내는 이 소리가
나뭇잎들의 신음인지
나뭇잎이 챙긴
해와 달, 별빛의 신음인지
헷갈린다

송광사 가는 길 아니어도
나도 모르게
나의 발길에 짓밟힌 것이
나뭇잎만이 아니다

생애 내내

나도 모르게 내가 지은 죄가
어디 이것뿐이겠는가

해와 달, 별빛을 챙긴
나뭇잎들을
나무들이 내 앞에 내려놓은 이유를
이제야 알았다

조계산이 송광사와 선암사를 낳다

조계산이 송광사와 선암사를 낳았다

승보사찰 송광사와
호남제일선원 선암사를 낳은
조계산은 힘이 좋다

6·25전쟁 전후
좌우의 대립이 낳은
피비린내에 젖지만 않았더라면
조계산은 이보다 더 행복할 수가 없다

조계산이 굴목이재로 하여금
양팔을 벌려
승보사찰 송광사와
호남제일선원 선암사를 하나 되게 하고 있다

승보사찰 송광사와
호남제일선원 선암사는 언제나
동상이몽 아닌
동병상련이다

조계산이 낳은 송광사와 선암사는
한 형제간이다

금둔사

萬法歸——歸何處를 앞세운
금둔사의
臘月梅 향기가
도량을 가만두지 않는다

대웅전
석가모니불, 아난존자, 가섭존자가
臘月梅 향기에
품위를 잃지 않으려고 안간힘을 쓴다

마애불인
과거칠불도 미래현겁 부처님들도
금강역사도
석조마애비로나자불도
臘月梅 향기를 뿌리치지 못한다

산신은
예외일 것 같으나
산신도
예외가 되지 못한다

萬法歸一一歸何處를 앞세운

금둔사의

臘月梅 향기가

도량을 들어올렸다 내려놓았다 한다

* 만법귀일일귀하처萬法歸一一歸何處: 『벽암록(碧巖錄)』 제45칙에 나오는 화두이다. '만 가지 법이 하나로 돌아가니, 하나는 어디로 돌아가는고?'라는 뜻이다.
* 납월매臘月梅: 섣달에 핀 매

낙안읍성

1

지나간 미래와 다가온 과거가
어깨동무하고 있다

지나간 미래와 다가온 과거가
어깨동무를 풀 생각을 하지 않는다

지나간 미래와 다가온 과거가
어깨동무를 풀 수가 없다

지나간 미래와 다가온 과거가
한 몸이 되었다,
어느 새

2

금빛 지붕, 금빛 지붕이
조선으로의 시간여행을 도와준다

몸은 조선이어도

정신은 인공지능 이상이다

왕후장상의 씨 같은 건
사전에 없다

'여봐라, 이리 오너라'
'사또, 한 번만 살려 주시옵소서'는
연출이다

동헌 마루, 동헌 마루가
조선으로의 시간여행을 도와준다

김빈길 장군을 순천이 뒤늦게 챙기다

김빈길 장군을 순천이 뒤늦게 챙기고 있다

낙안읍성 하면 빼놓을 수 없는 분이
김빈길 장군인데
일제강점기가
삼현사, 망해당 등 김빈길 장군의 자취를
낙안에서 지워버렸다

치사한 일제강점기가
왜구, 왜구들을 때려잡는데 선수인
김빈길 장군의 자취를
가만두지 않은 것이다

순천은
석성인 낙안읍성의 지나간 미래가
김빈길 장군이 주도한 토성이라는 걸 모르는
먼 걸음을 한 길들이 없도록
널리 알려야 한다

임경업 장군을 기리는 충민사에
김빈길 장군의 장군의 영정과 위패가

더부살이하고 있는데
하루빨리
더부살이에서 해방시켜 드려야 한다

순천이
김빈길 장군의 자취를 되찾는 것이
순천, 순천의 긍지를 되찾는 것이다

김빈길 장군을 순천이 뒤늦게 챙기고 있다,
다행히

느티나무 두 그루와 은행나무 한 그루가 부동이화 중이다
   - 낙안읍성

낙안의 하늘 아래
해와 달, 별빛을 챙긴
느티나무 두 그루와 은행나무 한 그루가
부동이화 중이다

낙안의 해와 달, 별빛을
바로 옆에서
같은 시간에 챙겼는데
나온 결과가 완전히 다르다

느티나무 두 그루는
해와 달, 별빛을 챙겨 울긋불긋이 대세인데
은행나무 한 그루는
노랑이 대세가 아니라 완벽한 노랑이다

똑같은 해와 달, 별빛인데
취향에 따라
챙긴 해와 달, 별빛의 양에 따라
결과가 다르다

느티나무 두 그루와 은행나무 한 그루가
상대를 부러워하지 않는 걸 보면
나온 결과에
대단히 만족하는 것 같다

낙안의 하늘 아래
해와 달, 별빛을 챙긴
느티나무 두 그루와 은행나무 한 그루가
부동이화 중이다

일몰
－용산전망대에서

아침에
누군가가 던져 올린 뜨거운 해를
받아내는
또 다른 누군가는
누구인가

둘 사이의 거리가 얼마이냐에 따라
아침에 해를 허공에 던져 올린 이의 힘을
가늠할 수 있는데……

에스라인 갯강을 찾은
햇무리에 꽂힌 내가
둘 사이의 거리를 가늠할 여유가
어디에 있겠는가

봐라 봐,
누군가가 해를 받아내는 사이
마지막 햇무리가
순천만을 가만두지 않는 것을

순천만 하늘이 낳은

새 떼들의 군무를 빠뜨리지 않고
해가
지켜보고 가는 것을

아침에
누군가가 던져 올린 뜨거운 해를
받아내는
또 다른 누군가는
누구인가

와온에서
- 노을

하늘밭을 가느라 정신없던 해가
하루 일을 마치고 돌아가는 길에
사기도의 안부가 그리워
햇무리를 내린다

눈에 넣어도 아프지 않을 사기도를
만나지 않고서는
편히 잠을 잘 수 없기에
반드시 만난다

사기도를 만난 김에
와온 하늘이 낳은
새떼들의 군무까지 만끽하는 해를
먼 걸음을 한 길들이 눈에 담는다

고작 소나무 몇 그루와
동백나무 몇 그루를 거느린 사기도가
먼 걸음을 한 길들을
해를 가만두지 않는다

하늘밭을 가느라 정신없던 해가

하루 일을 마치고 돌아가는 길에
사기도의 안부가 그리워
햇무리를 내린다

2부

스카이 큐브

순천만문학관과 순천만국가정원이 의기투합하여
스카이 큐브를 낳았다

순천만문학관역과 순천만국가정원역을 오고가는
스카이큐브가
먼 걸음을 한 길들에게
순천만문학관과 순천만국가정원을 안겨주고 있다

순천만문학관역과 순천만국가정원역을 오고가는
스카이큐브에 몸을 실은
먼 걸음을 한 길들이
바깥 풍경에 입이 벌어진다

순천만국가정원의 꽃나무들의 향기가
순천만 습지의 철새들의 울음소리가
파도소리가
무임승차를 하여도
모른 척한다

순천만문학관과 순천만국가정원이 의기투합하여
스카이 큐브를 낳았다

그림책도서관은 무지개다

그림책도서관은 무지개다

일곱 빛깔이 어깨동무한
무지개다

내가 잊고 지냈던 것을
그림책도서관이 다시 한 번 일깨워 준다

무지개인
그림책도서관이
나의 가슴을 콩당콩당 뛰게 한다

'아이는 어른의 아버지'라는
윌리엄 워즈워드의 시구가
얼굴 내민다

그림책도서관은 무지개 중에서도
쌍무지개다

순천문학관

무진기행과 오세암이 순천문학관을 낳았다

무진기행과 오세암 아니어도
순천문학관이 태어났을까라는 생각이
뇌리를 때리는 건
무진기행과 오세암이 잘나가서다

무진기행과 오세암 아니어도
태어날 수 있는
순천문학관은 완전 딴 모습일 거다

무진기행과 오세암을 챙긴 순천문학관이
꽃들을 거느린 게 아니라
꽃들에 묻혔다고 할 정도로
꽃 천지다

이름을 불러줄 수 있는 꽃보다
이름을 불러줄 수 없는 꽃이 더 많다

무진기행과 오세암이 순천문학관을 낳았다

순천문학관이 눈치가 빠르다

순천문학관이 눈치가 빠르다

뚤레뚤레
내가 뭘 찾고 있는가를
바로 알아차린다

내가 찾는 게
뭔지 바로 알아낸 이는
순천문학관뿐이다

다들 내가 생리작용으로
화장실을 찾고 있는 것으로
오독할 것이다

순천문학관이
소설가와 동화작가만 챙기고
시인은 챙기지 않았다

나는
나와 동병상련인 시인들을
찾은 것이다

서정춘,
허형만 등
잘나가는 시인이 많은데
순천문학관이 챙기지 않고 있다

생존 시인이어
챙기지 못했다는
변명을 하지 못하는 것은
김승옥 소설가가 버젓이 생존해 있기 때문이다

내가 유감이 많다는 것을
바로 알아차린 순천문학관이
머지않아 챙길 거라 한다

광양의 해와 달, 별빛이 뒷바라지한
김승옥, 정채봉을 챙겼는데
순천의 해와 달, 별빛이 뒷바라지한
서정춘, 허형만을 방치하겠냐며
기다리란다

순천문학관은 눈치 하난 빠르다

시립뿌리깊은나무박물관에게 배운 게 많다

시립뿌리깊은나무박물관에게 배운 게 많다

많이 배운 것 중에서
지난 것은 차치하고 앞으로
어떻게 살고
어떻게 죽을 것인가를
배웠다

- 헐벗음과 굶주림에서 벗어나는 것만이
잘 사는 것이 아닙니다
우리가 잘사는 일은 억울함과 무서움에서
벗어나는 일입니다*

좀 더 일찍
시립뿌리깊은나무박물관을 만났더라면
좋았을 텐 데라는 생각이
나를 가만두지 않는다

『뿌리깊은 나무』,
『샘이 깊은 물』이
사람들이

억울함과 무서움에서 벗어나게 하는 데
일조하였다

시립뿌리깊은나무박물관에게 배울 게 많다,
앞으로도

* 한창기의 글이다.

순천드라마촬영장에서

순천드라마촬영장이
내가 내 인생의 주연이라는 걸
깨닫게 해 준다

다들
자기 인생의 주연이지
누가 자기 인생의 주연이겠냐며
당연한 소리를
새삼스럽게 한다는 말을 들을 수도 있겠다

'나'라는 드라마의
주연은 나인데
감독은 누구이고
연출은 누구이고
무대감독은 누구이며
촬영기사는 또 누구이여
관객은 또 누구인가

관객을 제외한
모든 역할을
주연인 내가 겸해야 하는 게

'나'라는 드라마다

내가 내 인생의 주연이라는 걸
깨닫게 해 준
순천드라마촬영장이
나로 하여금
새시로 인생을 살아보고 싶게 한다

순천향교가 이 시대에 처신하기가 쉽지 않다

순천향교가
이 시대에 처신하기가 쉽지 않다

순천향교가 품위에 신경을 쓰면
구시대의 유물이란 소리를 들을 수 있다

순천향교가
구시대의 유물이란 소리를 듣지 않으려면
새 시대에 맞게 사고를 업그레이드해야 한다

入古出新,
法古創新,
溫故而知新을
순천향교가 모를 리 없다

세상사가 알고도 지키지 못하는 게
한두 가지가 아닌 데
이걸 극복하는 길은
시중에 따르는 것이다

순천향교가

이 시대에 대처하기가 쉽지 않다

* 입고출신入古出新: 고전古典으로 들어가 새것으로 나온다.
* 법고창신法古創新: 옛것을 본받아 새로운 것을 창조한다.
* 온고이지신溫故而知新: 옛것을 익힌 뒤 새로워진다.

낙안향교는 순천향교와 동병상련이다

낙안향교는
순천향교와 동병상련이다

먼 걸음을 한 길들이
낙안향교를
지나간 미래로 여기지
다가온 과거로 여기지 않기 때문이다

낙안향교도
자기 나름대로
자신을 업그레이드해 왔을 것이다

자신을 업그레이드해 왔을 게 분명한
낙안향교가
여전히 지나간 미래로 간주되는 것은
고장관념 때문이다

먼 걸음을 한 길들 내지
세상의 고정관념으로부터 벗어나기 위하여
낙안향교는
자신을 업그레이드하는 걸

소홀히 말아야 한다

낙안향교는
순천향교와 동병상련이다

죽도봉공원이 순천을 한눈에 담게 해 주다

죽도봉공원이
순천을 한눈에 담게 해 준다

연자루,
팔마탑,
팔각정,
백우탑,
강계중 선생 동상이 의기투합한
죽도봉공원이 순천을 한눈에 담게 해 주는데
이보다 좋을 수가 없다

순천만 습지는
순천만국가공원은
내가 눈에 담고 있는 걸
전혀 알지 못할 것이다

내가 한눈에 담고 있는
순천 중에
죽도봉공원에서 순천을 한눈에 담고 있는 나를
눈에 담는
순천도 있을까

죽도봉공원이
순천을 한눈에 담게 해 준다,
예외 없이

순천왜성

단순하게 생각하면
순천이 낳은
수없이 많은 문화재들 사이에서
눈엣가시고 앳가심이다

복잡하게 생각하면
사촌보다 가까운 이부형제다

달리 말하면
조선이
왜놈들에게 성폭행을 당하여
태어났다

처음엔 부끄럽게 생각했는데
이왕 태어났으니
잘 돌봐줘야 한다

왜놈들에게
본의 아니게
부역한 게 사실이다

씨 뿌린
왜놈들 물러간 지
몇 백 년이 지나도록 방치하다가
다시 돌보는
순천이 너그럽다

옥천서원

무오사화로 피를 보고
갑자사화로 생을 앞당긴 김굉필을 위해
태어났다

祠宇, 景賢堂, 志道齋, 依仁齋,
典祀廳, 內三門, 外三門, 雇直舍가
동고동락하고 있다

김종직 문하에서
소학동자라 불린
김굉필의 이름을 더럽히지 않기 위하여
분발하고 있다

태생이 다르나
동병상련인 순청향교, 낙안향교와
소통을 게을리 하지 않고 있다

무오사화로 피를 보고
갑자사화로 생을 앞당긴 김굉필을 위해
태어났다

* 사우祠宇, 경현당景賢堂, 지도재志道齋, 의인재依仁齋,
전사청典祀廳, 내삼문內三門, 외삼문外三門, 고직사雇直舍

고인돌공원에서

다들 진득하다

꼼짝달싹 안 하는 건지
꼼짝달싹 못하는 건지
헷갈린다

꼼짝달싹할 수 있는데
꼼짝달싹 안 한다면
주어진 임무가 다들 남달라서다

주어진 임무가
다들 남달라서이기도 하지만
고인돌들이
여기저기서 꼼짝달싹하면
세상의 모든 돌들이 따라서 꼼짝달싹하고
심지어 벼랑도 꼼짝달싹하여
세상이 뒤집힐 것이기에
꼼짝달싹 안 하는 건지도
모른다

진득한 것을 가르치기 위해서

태어났다 할 정도로
다들 진득하다

정유재란의 주역인 검단산성이 왜성을 감시하고 있다

조 · 명 연합군의 주둔지로
정유재란의 주역인
검단산성이 왜성을 감시하고 있다

일제강점기 때
이 땅에서
마음의 고통을 가장 심하게 받은 이가
검단산성이다

해방된 지
칠십 년도 더 지났어도
검단산성이
왜성에 대한
감시의 눈길을 소홀히 하지 않는 것은
왜성이 믿을 놈이 못 돼서다

순천에서
왜성, 왜성을 딱 잡고 있는 이는
검단산성이다

감단산성,

검단산성에게
힘을 제일 많이 실어 줘야 한다

조 · 명 연합군의 주둔지로
정유재란의 주역인
검단산성이 왜성을 감시하고 있다,
여전히

조례호수공원의 음악분수는 밤에 피는 꽃이다

조례호수공원의 음악분수는 밤에 피는 꽃이다

꽃들을 거느리기도 하고
꽃들에게 결박당하기도 한
조례호수공원에
가장 화려하게 피는 꽃은 음악분수다

먼 걸음을 한 길들의 발길을 붙든
음악분수는
달빛과 별빛을 무색하게 한다

무색한 달빛과 별빛이
음악분수 앞에
얼굴 내밀지 않는다

빛과 소리의 향연인
음악분수를
조례호수공원이 낳았다

조례호수공원의 음악분수는 밤에 피는 꽃이다

조곡동 철도관사마을이 철도문화마을로 다시 태어나다

조곡동 철도관사마을이
철도문화마을로 다시 태어났다

아픈 역사를 간직한
조선인은 얼씬거리지도 못했던
철도관사마을의 가치가 부각된 것이다

지나간 미래가
철도관사마을인
철도문화마을이 날개를 달고
비상할 준비를 하고 있다

지나간 미래에
그냥 그대로 붙들려 있는 게 아니라
다가온 과거와 공존하는
철도문화마을이 될 것이다

조곡동 철도관사마을이
철도문화마을로 다시 태어났다

늦둥이 여순항쟁 역사관은 수고하고 무거운 짐 진 자이다

늦둥이 은
수고하고 무거운 짐 진 자이다

여순항쟁이 일어난 지
70년이 지나도록
풀지 못한 과제를 풀기 위하여
여순항쟁 역사관이 태어났다

여순항쟁 역사관이 태어나기까지
우여곡절이 없었다면
거짓말이다

여순항쟁 역사관이
앞으로, 앞으로 나아가다가
넘어지지 않도록
여수와 순천이 뒷바라지해 줘야 한다

수고하고 무거운 짐 진
여순항쟁 역사관이 갈 길이 어려울 때
모른 척하지 말고
여수와 순천이 힘을 실어 줘야한다

늦둥이 여순항쟁 역사관은
수고하고 무거운 짐 진 자이다

3부

순천만

저 많은 뭇 생명들을
누가 돌보나 했더니
바다다

하루에 두 차례 어김없이
들며 나는
저 바다가
뭇 생명들을 돌보고 있다

보기엔
뭇 생명들이
바다의 말을 고분고분 잘 듣는데
속으로는 어떤지 모르겠다

또 다른 뭇 생명들을 돌보러
돌아간 바다가
갯벌에서
무슨 일이 벌어지는지 알까

저 많은 뭇 생명들을
누가 돌보나 했더니
바다다

순천만을 클릭하다

순천만을 클릭하니 별 게 다
얼굴 내민다

없는 게 없는
순천만에
내가 이름을 불러줄 수 있는 것도 있고
내가 이름을 불러줄 수 없는 것도 있다

갯벌에
갯강에
갈대밭에
칠면초 군락에
얼굴 내민 것들과
순천만이 동고동락하고 있다

군무로 잘나가는
흑두루미,
가창오리,
민물도요새,
고니만
순천만이 애지중지하는 게 아니라

칠게, 방게에 이르기까지
순천만이
모든 생명을 다 애지중지하고 있다

순천만에
생로병사와 약육강식만 없으면
이보다 더 좋을 수 없을 것 같지만
생로병사와 약육강식이 없는
세상은 어디에도 없다

순천만을 클릭하니 별 게 다
얼굴 내민다

순천만의 저명인사 중의 저명인사는 흑두루미다

순천만의
저명인사 중의 저명인사는
흑두루미다

군무로 잘나가는
가창오리도,
민물도요새도,
고니도 저명인사이지만
저명인사 중의 저명인사는
흑두루미다

가창오리가
민물도요새가
고니가
서운하게 생각할 수 있으니
내 생각을 속으로만 생각하고
누구에게도 털어놓진 않는다

왜가리도
백로도
노랑부리저어새도

황새도 저명인사이지만
흑두루미만치 유명세를 타지 못했다

순천만의
저명인사 중의 저명인사는
흑두루미다

순천만 습지는 신기한 계간지다

'순천만 습지'는 신기한 계간지다

'순천만 습지'는
독립출판사인
순천만이
펴낸다

편집인,
편집 디자이너,
인쇄인을
따로 두지 않았다

출판 과정이
모두 자동으로 이루어진다

원고청탁하지 않아도
원고가 착착 도착한다

적재적소에 이미 배치된
움직이지 않는 것들은
다 삽화揷畫다

글자들이
움직이기도 하고
날기도 하고
무리를 지어 군무를 펼치기기도 한다

독자들이 직접 와서
들여다봐야 한다

'순천만 습지'는 신기한 계간지다,
딱 한 부만 발행하는

갯벌

저 많은 뭇 생명들을
다 받아내는
갯벌은 튼튼하다,
그야말로

누구는 받아주고
누구는 받아주지 않는 게 아니라
다 받아주는
갯벌은 너그럽다

저 많은 뭇 생명들 사이
무슨 일이 벌어져도
간여하지 않는
갯벌은 편애하지 않는다

하루에 두 차례 들며 나는
바다에게
자신의 품에서 일어난 일을
갯벌은 고자질하지 않는다

무진교와 대대포구가 동고동락하고 있다

무진교와 대대포구가 동고동락하고 있다

무진교는 대대포구가 함께하니
외롭고 쓸쓸하지 않고
대대포구는 무진교가 함께하니
외롭고 쓸쓸하지 않다

한때
무진교는 극락교를 꿈꾸고
대대포구는 반야용선을 꿈꾸었으나
둘 다 포기하였다

무진교가 갈대밭에
대대포구가 갯강을 따라간 저 바다에
생로병사와 적자생존이 여전하다는 걸
깨닫고부터다

무진교와
대대포구가 알고 있는 피안은
생로병사와 적자생존이 없는 곳이다

무진교와 대대포구가 동고동락하고 있다

무진교에 기대어

먼 걸음을 한 길들이
대대포구와 동고동락하고 있는
무진교를 건넌다

갈대의
갈대에 의한
갈대를 위한
피안 아닌 피안이
먼 걸음을 한 길들을 기다리고 있다

일사불란,
일사불란과 가까이 지내는
갈대들의 품에
눈에 띄지 않는
생로병사와 약육강식이 무성하다

먼 걸음을 한 길들이
자신들을 맞이한
갈대들을 눈에 담느라
정신이 없다

새떼들의 군무로
잠시 어두워진 하늘에
먼 걸음을 한 길들이
잠시 입이 벌어지기도 한다

먼 걸음을 한 길들과
갈대들 사이
생로병사, 약육강식만 아니면
피안, 피안이 따로 없다

일상으로부터 일탈을 맛본
먼 걸음을 한 길들이
대대포구와 동고동락하고 있는
무진교를 다시 건넌다

갈대에 관한 몽상 1

갯벌에 붙들려
생을 탕진할 갈대가 아니다

갈대의 품을
드나드는 바람 속에 비밀이 있다

드나드는 바람도
갈대가 제 몸뚱일 흔들어 낳았다

갈대는 바람을 계속 낳고
바람은 갈대의 품을 계속 드나든다

갈대가 낳은 바람이
무슨 일을 하고 다니는지 모른다

갈대가 바람을 낳아
재미만 보고 다니는 게 아니다

바람이 각자 자신을 낳은 갈대를
제대로 찾아가는지 궁금하다

갈대가 저리 수런거리는 것은
바람이 자신을 낳은 갈대를 찾는다는 것이다

갯벌에 붙들려
생을 탕진할 갈대가 아니다

갈대에 관한 몽상 2

갈대로 변신한 시링크스를
잘라
팬파이프를 만든 판의 사랑은
지독하다

강의 님프들도
시링크스를
위기에서 모면해 주려면
똑바로 모면해 줄 일이지
판에게 붙들려 잘리게 하다니

판에게 붙들려 잘릴 때
갈대로 변신한 시링크스는
차라리 판의 구애를 받아줄 것을
괜히 강의 님프의 도움을 받았다고
후회했을 수도 있다

갈대에서
팬파이프로 다시 태어나
판의 숨결을 다 받아내는
시링크스의 신음소리에

세상이 귀를 곤두세운 것이다

갈대로 변신한 시링크스를
꺾어
팬파이프를 만든 판의 사랑은
지독하다

갈대에 관한 몽상 3

가창오리 떼가
민물도요새 떼가
일사불란과 가까이 지내듯이
갈대들도 일사불란과 가까이 지낸다

가창오리 떼가
민물도요새 떼가
일사불란과 가까이 지내는 걸 보고
갈대들이 일사불란과 지낼까

갈대들이 일사불란과 가까이 지내는 걸 보고
가창오리 떼가
민물도요새 떼가
일사불란과 가까이 지낼까

가창오리 떼도
민물도요새 떼도
갈대도
일사불란을 멀리했단 사고가 난다

가창오리 떼가

민물도요새 떼가
일사불란과 가까이 지내듯이
갈대들도 일사불란과 가까이 지낸다

갈대가 이발사들 앞에서 쩔쩔매는 까닭을

갈대가
이발사들 앞에서
쩔쩔매는 까닭을 나는 안다

갈대 앞에서 입 조심하라고
이발사들 사이에서 이미
이야기가 돌고 있다

사연인즉
마이다스 왕의 귀가
당나귀인 줄 안 이발사가
입이 근질근질한 것을 참지 못하고
구덩이를 판 뒤
구덩이에 대고
임금님 귀는 당나귀 귀라 외친 뒤
구덩이를 덮었는데
구덩이에서 갈대 씨가 자라
소문을 내
나중에 이발사가 처형되었다

그 뒤로

이발사들 사이에서
갈대는 입이 가벼운 놈으로
정평이 나 부렸다

갈대 때문에
이발사가 목숨을 잃어
그때부터 갈대는
이발사들에게 면목이 없게 되었다

갈대가
이발사들 앞에서
쩔쩔맨 이유가 이 때문이다

묵은 갈대

누구도 못 말린다,
자식 사랑은

사람이나
동물이나
식물이나

이미
죽은 목숨이나 다름없는
묵은 갈대들이
끝까지 버티는 걸 봐

눕고 싶어도
눕지 않고
새싹이 돋아날 때까지
가림막이 되어주는 것을

자식 사랑은
누구도 못 말린다

및 **4부**

가창오리의 군무에 관한 몽상
  - 순천만에서

1

누구도
못 말린다

누가 말린다고 해서
말을 들을
가창오리 떼가 아니다

갈대들 못지않게
일사불란,
일사불란과 가까이 지낸다

뻐기는 건지
겁주는 건지
헷갈린다

뻐기기도 하고
겁주기도 하고
두 가지를 겸했다

누구도
못 말린다

2

누가
줄 없는 그물을 허공에 던졌다

보이지 않는
줄을
잡아당겼다 늦췄다 한다

갈대밭인가,
바다인가

갈대밭도
바다도 아니라면
누구인가

여러 차례
줄을

잡아당겼다 늦췄다 한다

힘이 파였나
소기의
목적을 달성하였나

누가
줄 없는 그물을 허공에 던졌다
걷어들인다

민물도요새의 군무에 관한 몽상

1

보이지 않는 손이
그물을 끌고 다닌다

그물코가 희귀하다

저 그물로
무얼 포획하는지……

누구도 시도 못한
허공, 허공을 포획하고 있다

순천만 하늘의 한 쪽 가슴이
미어진다

2

순천만이 화선지라면
세필로 낳았다

움직이는
수묵산수인데
세필로 울음소리까지 챙겼다

쏴 쏴 쏴 쏴

장
대
비
소
리
다

흑두루미 떼에 관한 몽상

밑그림이
갈대밭과 칠면초 군락과 뻘강인
화선지 순천만에
흑두루미 떼가 얼굴 내민다

순천만이 애지중지하는
저 흑두루미 떼는
보이지 않는 손이
소필 아닌 대필로 낳은 거다

보이지 않는 손이
흑두루미 떼를 낳는 데
흑두루미 떼와 동고동락하는
갯뻘이 뻘강이 여러 몫을 한다

봐라, 봐
보이지 않는 손이
순천만 하늘에 흑두루미 떼를 낳느라
정신이 없는 것을……

밑그림이

갈대밭과 칠면초 군락과 뻘강인
화선지 순천만에
흑두루미 떼가 얼굴 내민다

빈 배와 왜가리 한 마리

안개 속
빈 배의 이물에
외발로 선
왜가리 한 마리

밧줄에 붙들린 채
왜가리의
잠자리가 돼 준
빈 배

밤새 군림하다가
눈에 띄지 않게
뒷걸음치는
안개

안개 속
길 잃지 않고 찾아와
갈대밭을 가만두지 않는
바다

갈목비

1

해와 달, 별빛이 묻어 있다

해와 달, 별빛 못지않게
안개도 묻어 있다

갯뻘과 동고동락한
새들의 울음소리도 묻어 있다

하루에 두 차례 들고 나는
바닷물 소리도 묻어 있다

2

一絲不亂을 가까이 한다

아니다
아니다

一絲不亂을 타고났다

칠면초 사잇길을 누가 낳았나

칠면초 사잇길을 누가 낳았나

물때를 따라 굴을 캐러 가는
아낙들이 낳았나

물때를 따라 굴을 캐러 가는
아낙들을 위하여
칠면초가 낳았나

아낙들과 동고동락하는
조새와 바구니는 알 것 같은데
입을 봉하니

비밀이라면
비밀이고
비밀이 아니라면
비밀이 아닌
비밀을

칠면초 사잇길을 누가 낳았나

순천만이라는 컴퍼스의 안다리는 누구인가

순천만이라는
컴퍼스의 안다리는 누구인가

솔섬인가,
장구섬인가

솔섬도
장구섬도 아니라면
누구인가

전망 좋은
용산전망대인가
무진교와 동고동락하는
대대포구인가

내 주변에
누구 아는 사람 없나

순천만이라는
컴퍼스의 안다리는 누구인가

순천만은 예술의 전당 이상이다

순천만은 예술의 전당 이상이다

야외무대에서 실시간으로 펼쳐지는
공연들을 보려고
먼 걸음을 한 길들로 분주하다

각종 퍼포먼스가 여기저기에서
벌어지는데
단연 제1위는 새떼들의 군무다

새떼들의 군무가 단연 제1위인 것은
아무 때나 볼 수 없기
때문이다

一絲不亂한 갈대들의 군무도
세떼들의 군무 못지않지만
귀한 맛이 없다

칠면초 하나만 보더라도
제1위 못지않은 장관이
한두 가지가 아니다

순천만은 예술의 전당 이상이다

* 일사불란一絲不亂

용산전망대는 관제탑이다

바다는 활주로이고
용산전망대는 관제탑이다

새떼들이
활주로인 바다를 박차고
날아오른다

용산전망대의 지시에 따라
새떼들이
행동하는 게 틀림없다

군무를 펼치는 새떼들이
사고 나지 않는 것은
용산전망대의 통제에 따라서다

용산전망대는 관제탑이고
바다는 활주로이다

물비늘이 바다가 한 마리의 물고기라는 걸 알려준다

물비늘이
바다가
한 마리의 물고기라는 걸 알려준다

물비늘이
바다가
한 마리의 물고기라는 걸 알려줘도
누구도 눈치채지 못한다

바다는
물고기치곤
희한한 물고기다

희한한 물고기인
바다가
크고 작은 물고기를 떼거리로 거느리고 있다

물비늘이
바다가
한 마리의 물고기라는 걸 알려준다

칠면초

노골적으로
해와 달, 별빛을 챙긴다

노골적으로는 모욕적인 말이고
적극적으로가 맞다

누구의 눈치도 보지 않고
해와 달, 별빛을 챙긴다

염치없다는
말 따위에 신경 쓰지 않는다

자신들이 챙기지 않으면
해와 달, 별빛이 버려진다고 생각한다

적극적으로
해와 달, 별빛을 챙긴다

뻘배

누군들
몸을 깨끗이 하고 싶지 않으리

뻘,
뻘과 동고동락하고 있다

세상에 온 이유가
뻘과 동고동락하기 위해서다

궂은일,
궂은일 도맡아하고 있다

공로상,
공로상을 수상하여야 한다

누군들
몸을 깨끗이 하고 싶지 않으리

마도요

위생관념이 뛰어나다

게를 잡아 씻어
발톱을 잘라내고
몸통만 먹는다

안전사고에 유의한다

만에 하나
게가 반격할까 봐
눈 감고 먹는다

홀애비 청딱따구리가 정신이 없다

홀애비 청딱따구리가
정신이 없다

암컷이
딴 놈하고 눈 맞아 나간 게 아니고
사고사를 당하였다

홀애비 청딱따구리 혼자서
알을 품어
부화를 시키고
새끼들에게 먹이를 날라다 주고 있다

새끼들이
변고 없이 잘 자랐으면 좋겠다

눈물겹다는
홀애비 청딱따구리를 위해 생긴 말이다

홀애비 청딱따구리가
정신이 없다

쇠물닭 암컷이 토라졌다

쇠물닭 암컷이 토라졌다

수컷이 암컷을 달래도
암컷이 마음을 돌리지 않는다

무슨 일로
저리 토라졌나

둥지에 알이 작살 난 걸 보니
침입자가 있었다

암컷의 책임인지
수컷의 책임인지
그 누구의 책임인지 알 수 없다

수컷이 계속 암컷을 달래니
암컷이 마음을 돌린다,
마침내

억새는 갈대의 이종사촌 아니면 고종사촌이다

억새는
갈대의
이종사촌 아니면 고종사촌이다

이리 봐도
저리 봐도
사촌은 아니다

이복도
동복도 아니다

다른 데는 많이 달라도
타고난 몸짓은
못 속인다

억새는
갈대의
이종사촌 아니면 고종사촌이다

검은머리물떼새가 안절부절못한다
  - 순천만

소박한
솔섬 해안가
검은머리물떼새가 안절부절못한다

해안가 바위에서
수염 난 검정 포대인
수달이 일광욕을 즐긴다

비상,
비상,
초비상이다

멀지 않은 곳에
검은머리물떼새 둥지에 새끼들이
꼼지락거린다

엉뚱한 곳으로
수달을 유인하려
검은머리물떼새가 수선을 떤다

수리부엉이의 세레나데가 고요를 깨다
  - 순천만

달빛 아래
수리부엉이의 세레나데가 고요를 깬다

이웃들을 안중에 두지 않은
세레나데가 며칠 째다

세레나데,
세레나데의 대상이 어디에 있는지
궁금하다

어디에서도
잠 좀 자자는 말이
나오지 않는 걸 보면 신기하다

누구도
불만을 토하지 않는 것은
수리부엉이의 세레나데가
간절해서다

달빛 아래
수리부엉이의 세레나데가 고요를 깬다

두토막눈썹참갯지렁이는 노랑부리백로의 밥이다
　　- 순천만

몸이 근질근질해
몸을 풀러 나온
두토막눈썹참갯지렁이가 노랑부리백로의 밥이다

두토막눈썹참갯지렁이가
노랑부리백로의 밥이 되려고
세상에 온 것이 아닌데
안 됐다

두토막눈썹참갯지렁이는
노랑부리백로와
언제 어디서
무엇으로 헤어졌다가
다시 만나
노랑부리백로의 밥이 되고 있나

몸이 근질근질해 몸 풀러 나왔다가
노랑부리백로의 밥이 된
두토막눈썹참갯지렁이가
괜히 내 눈에 띄어

내 가슴을 쓸어내리게 한다

몸이 근질근질해
몸을 풀러 나온
두토막눈썹참갯지렁이는 노랑부리백로의 밥이다

갈대잎을 붉은발말똥게가 찢어 먹고 있다
 - 순천만

갈대잎을
붉은발말똥게가 찢어 먹고 있다

갈대잎을
붉은발말똥게 두 마리가 찢어 먹다가
붉은발말똥게 한 마리가 죽어도
모를 정도로
맛있게 찢어먹고 있다

갈대잎 하나가
붉은발말똥게의 입을
이렇게 즐겁게 해주리라고
생각도 못했다

갈대잎이
기꺼이 몸을 내주었나,
마지못해 내주었나
그게 문제다

갈대잎을
붉은발말똥게가 찢어 먹고 있다

도대체 저게 뭔 짓인가
  - 순천만

쇠백로가
갯벌을 발로 툭툭 차고 다닌다

도대체
저게 뭔 짓인가

놀랜 물고기가 튀어 오르니
바로 낚아챈다

멀지 않은 곳에서
노랑부리저어새가 휘젓고 다닌다

도대체
저게 뭔 짓인가

이름값도 하고
휘저어 걸리는 놈을 붙든다

길을 가다가 유혈목이와 마주치다
　- 순천만

길을 가다가 유혈목이와 마주쳤다

미당이 꽃대님 같다고 노래한
유혈목이가 달아날 생각을 않는다

아름답기도 하고
징그럽기도 한
유혈목이의 배가 불룩하다

달아날 생각을 않는 유혈목이가
심상치 않다

유혈목이가 삼킨 뭔가가
유혈목이를 가만두지 않는 게
분명하다

그게 뭘까
그게 뭘까

잠시 자리를 떠났다가
돌아와 보니

]

배가 빵빵한 유혈목이 뻗어 있다

돌아가는 내내 마음이 편치 않게 생겼다

순천만국가정원의 랜드 마크는 순천호수정원이다

순천만국가정원의 랜드 마크는 순천호수정원이다

봉화언덕을 거느린
순천호수정원은
잔디마당, 소망언덕, 난봉언덕,
인제언덕, 해룡언덕, 앵무언덕,
흑두루미미로정원, 장미정원, 꿈틀정원,
바위정원이 이웃사촌이다

이웃사촌 중에
잔디마당은
공연장까지 갖추고 있다

흑두루미 미로정원은
흑두루미가 날고 있다,
언제나

장미정원의
장미는
다들 귀티가 난다

순천만국가정원의 랜드 마크는 순천호수정원이다

네델란드 정원은 그냥 알겠다

멀리서 봐도
네델란드 정원은 그냥 알겠다

풍차가 군림하고 있는 곳이
네델란드 정원이다

가지가지
튤립이 얼굴 내민 곳이
네델란드 정원이다

풍차와 튤립만으로
먼 걸음을 한 길들이 지루할까 봐
빈 센트 반 고흐도 일조하고 있다

멀리서 봐도
네델란드 정원은 그냥 알겠다

꿈의 다리는 세계 어린이들의 그림으로 도배하였다

동천을 가로지른
꿈의 다리는
세계 어린이들의 그림으로 도배하였다

동천을 가로지른
꿈의 다리를
세계 어린이들의 그림으로 도배한 이유는
천진난만한 아이들의 그림처럼
세상이 순수해지기를 바라서이다

꿈의 다리가 무지개 모양은 아니지만
무지개라 여기면
꿈의 다리가
세계 어린이들의 그림으로 도배한 이유를
그냥 알 것이다

아이는 어른의 아버지라 노래한
윌리엄 워즈워드의 무지개가
머릿속에 얼굴 내밀 거다

고장난 신자유주의의 하늘 아래서

세상이 나아지게 하는 데
꿈의 다리가 기여할 것이다

동천을 가로지른
꿈의 다리는
세계 어린이들의 그림으로 도배하였다

순천만국가정원의 순천만습지는 진짜 순천만습지의 다이제스트 판이다

순천만국가정원의 순천만습지는
진짜 순천만습지의 다이제스트 판이다

다이제스트 판 순천만습지를 거느린
순천만국가정원은
그야말로 못 말려다

순천만국가정원의 순천만습지에게
내가 눈빛으로
'순천만국가정원은 못 말려'라고 하니
순천만국가정원의 순천만습지가
삐긋이 웃는다

삐긋이 웃기만 하는 게 아니라
순천만국가정원의 순천만습지가
내 눈빛을 따라서
'순천만국가정원은 못 말려'라며
나에게 눈빛을 보낸다

내 눈빛과
순천만국가정원의 순천만습지의 눈빛이

'순천만국가정원은 못 말려'라며
이중창을 한다

순천만국가정원의 순천만습지는
진짜 순천만습지의 다이제스트 판이다

비단잉어
- 한국정원에서

힘차게 박차오를
물줄기가
눈앞에 얼굴 내밀지 않는다

인기척에 달아나는 게 아니라
인기척에 몰려오는 것은
던져주는 먹이에 맛을 들여서다

먹이를 마다하는
비단잉어는
눈을 씻고 봐도 없다

비단으로,
비단으로 빚은 비단잉어도
별수 없다

그냥 거슬러 올라갈
물길도
눈앞에 얼굴 내밀지 않는다

사의재 시인선 100

순천

1판 1쇄 인쇄일 | 2021년 5월 4일
1판 1쇄 발행일 | 2021년 5월 10일

지은이　　김재석
펴낸이　　신정희
펴낸곳　　사의재
출판등록　2015년 11월 9일　제2015-000011호
주소　　　전라남도 목포시 용당로 331번길 88, 202동 202호
전화　　　010-2108-6562
이메일　　dambak7@hanmail.net
ⓒ 김재석, 2021

ISBN 979-11-6716-001-0 03810

지은이와 출판사의 동의 없이 이 책의 내용 중 전체 또는 일부를 인용하거나 발췌하는 것을 금합니다.

사진 자료는 순천시청으로부터 제공 받았습니다.

값 10,000원